BEI GRIN MACHT SICH IHR WISSEN BEZAHLT

- Wir veröffentlichen Ihre Hausarbeit, Bachelor- und Masterarbeit

- Ihr eigenes eBook und Buch - weltweit in allen wichtigen Shops

- Verdienen Sie an jedem Verkauf

Jetzt bei www.GRIN.com hochladen und kostenlos publizieren

Bibliografische Information der Deutschen Nationalbibliothek:

Die Deutsche Bibliothek verzeichnet diese Publikation in der Deutschen Nationalbibliografie; detaillierte bibliografische Daten sind im Internet über http://dnb.d-nb.de/ abrufbar.

Dieses Werk sowie alle darin enthaltenen einzelnen Beiträge und Abbildungen sind urheberrechtlich geschützt. Jede Verwertung, die nicht ausdrücklich vom Urheberrechtsschutz zugelassen ist, bedarf der vorherigen Zustimmung des Verlages. Das gilt insbesondere für Vervielfältigungen, Bearbeitungen, Übersetzungen, Mikroverfilmungen, Auswertungen durch Datenbanken und für die Einspeicherung und Verarbeitung in elektronische Systeme. Alle Rechte, auch die des auszugsweisen Nachdrucks, der fotomechanischen Wiedergabe (einschließlich Mikrokopie) sowie der Auswertung durch Datenbanken oder ähnliche Einrichtungen, vorbehalten.

Impressum:

Copyright © 2019 GRIN Verlag
Druck und Bindung: Books on Demand GmbH, Norderstedt Germany
ISBN: 9783668954120

Dieses Buch bei GRIN:

https://www.grin.com/document/469433

Lara Steiniger

Trainingsplanung für ein Ausdauertraining für eine 20-jährige weibliche Person

GRIN Verlag

GRIN - Your knowledge has value

Der GRIN Verlag publiziert seit 1998 wissenschaftliche Arbeiten von Studenten, Hochschullehrern und anderen Akademikern als eBook und gedrucktes Buch. Die Verlagswebsite www.grin.com ist die ideale Plattform zur Veröffentlichung von Hausarbeiten, Abschlussarbeiten, wissenschaftlichen Aufsätzen, Dissertationen und Fachbüchern.

Besuchen Sie uns im Internet:

http://www.grin.com/

http://www.facebook.com/grincom

http://www.twitter.com/grin_com

Deutsche Hochschule für
Prävention und Gesundheitsmanagement

Einsendeaufgabe

Fachmodul: Trainingslehre 2

Studiengang: Fitnessökonomie

Datum
Präsenzphase 07.01.2019 – 09.01.2019

Name, Vorname: Steiniger, Lara

Studienort: Stuttgart

Semester: WS2017

Inhalt

1 Teilaufgabe 1 – Diagnose 2
   1.1 Allgemeine und biometrische Daten 2
      1.1.1 Bewertung Blutdruck 2
      1.1.2 Bewertung Ruhepuls 3
   1.2 Leistungsdiagnostik/Ausdauertestung 3
      1.2.1 Begründung Fahrradergometertest 3
      1.2.2 Testdurchführung 4
      1.2.3 Bewertung des Testergebnisses 4
   1.3 Gesundheits- und Leistungsstatus der Person 4

2 Teilaufgabe 2 – Zielsetzung/Prognose 5
   2.1 Ziel 1 5
   2.2 Ziel 2 5
   2.3 Ziel 3 6

3 Teilaufgabe 3 – Trainingsplanung Mesozyklus 6
   3.1 Grobplanung Mesozyklus 6
   3.2 Detailplanung Mesozyklus 6
   3.3 Begründung zum Mesozyklus 8
      3.3.1 Begründung zum angestrebten wöchentlichen Belastungsumfang 8
      3.3.2 Begründung zu den ausgewählten Trainingsmethoden 8
      3.3.3 Begründung zur Belastungsprogression 9
      3.3.4 Begründung zu den angesteuerten Trainingsbereichen 9
      3.3.5 Begründung der ausgewählten Ausdauergeräte 10

4 Teilaufgabe 4 – Literaturrecherche 11
5 Literaturverzeichnis 13
6 Tabellenverzeichnis 14

1 Teilaufgabe 1 – Diagnose

1.1 Allgemeine und biometrische Daten

Tab.1: allgemeine und biometrische Daten der Person

Alter	20 Jahre
Geschlecht	weiblich
Körpergröße	170 cm
Körpergewicht	56 kg
Trainingsmotive	Verbesserung körperliche Leistungsfähigkeit, Ausbildung einer Grundlagenausdauer 1
berufliche Tätigkeit	Duale Studentin im Bereich Wirtschaftsingenieurwesen Elektrotechnik → 95% sitzende Tätigkeit an PC → 5% laufende Tätigkeit (Pakete holen)
aktuelle sportliche Aktivitäten	keine
frühere sportliche Aktivitäten	keine
zeitlicher Verfügungsrahmen	2-3 mal pro Woche je 60-90 Minuten
Blutdruck	133/80 mmHg
Ruhepuls	74 S/min
allgemeiner Gesundheitszustand	mehrere Infekte im Jahr 2018
Medikamente	keine

1.1.1 Bewertung Blutdruck

Tab. 2: Blutdruckklassifikation des Robert Koch Instituts (modifiziert nach Mancia et al., 2013)

Bewertungsstufen	Systolischer Blutdruck	Diastolischer Blutdruck
	Normblutdruck (Normotonie)	
optimal	unter 120 mmHg	unter 80 mmHg
normal	120-129 mmHg	80-84 mmHg
hochnormal	130-139 mmHg	85-89 mmHg
	Bluthochdruck (arterielle Hypertonie)	
Stufe 1	140-159 mmHg	90-99 mmHg
Stufe 2	160-179 mmHg	100-109 mmHg
Stufe 3	>179 mmHg	>109 mmHg

Das Robert Koch Institut gibt den Normblutdruck, auch Normotonie genannt, im Bereich von unter 120 mmHg bis 139 mmHg systolisch und von unter 80 mmHg bis 89 mmHg diastolisch an. Alle Werte die darüber liegen werden als Bluthochdruck oder auch arterielle Hypertonie eingestuft. Der Normblutdruck wird zudem noch in optimal, normal und hochnormal unterteilt.

Die von mir ausgewählte Person liegt mit einem Blutdruck von 133 mmHg systolisch und 80 mmHg im hochnormalen Blutdruckbereich. Der diastolische Wert liegt zwar mit 80 mmHg im normalen Bereich, jedoch wird sich am höheren Wert orientiert. Somit ist der diastolische Wert zwar gut, jedoch könnte der systolische Wert deutlich besser sein.

1.1.2 Bewertung Ruhepuls

Tab.3: Ruhepulsklassifikation der DhfPG (modifiziert nach Weineck, 2003)

Traininszustand	Ruhepuls
untrainierte Menschen (Durchschnittsbürger)	60-80 S/min
trainierte Menschen	50-60 S/min
Leistungssportler	< 50 S/min

Die Pulsnormwerte können unterschiedlich gegliedert werden. Nach dem Trainingszustand gilt ein Ruhepuls von 60-80 S/min als normal, laut der Deutschen Hochschule für Prävention und Gesundheitsmanagement. Alles was darüber liegt ist zu hoch. Bei trainierten Menschen liegt der Ruhepuls zwischen 50-60 S/min und bei Leistungssportlern unter 50 S/min. Die ausgewählte Person wird als untrainierte Person eingestuft, da sie bis zu diesem Zeitpunkt keine sportliche Tätigkeit ausgeführt hat. Ihr Ruhepuls von 74 S/min liegt innerhalb der Normwerte, jedoch im oberen Drittel.

1.2 Leistungsdiagnostik/Ausdauertestung

1.2.1 Begründung Fahrradergometertest

Bei der Wahl des Testverfahrens habe ich mich für den WHO-Test entschieden. Die Person ist untrainiert, weswegen eine vollständige Ausbelastung zu viel für sie wäre und sie vorher von einem Arzt untersucht werden müsste. Bei einem WHO-Test ist keine vollständige Ausbelastung nötig, stattdessen ist nur eine submaximale Belastung notwendig.

Der WHO-Test ist für unterschiedliche Zielgruppen, wie untrainierte Frauen, ältere Personen und Übergewichtige ausgelegt. Somit auch für die Person, da sie als untrainiert eingestuft werden kann und weiblich ist. Aus diesem Grund passt der WHO-Test am besten zu ihren Vorraussetzungen. Zudem sind die Werte leicht zu berechnen, da man nur die Pulsobergrenze braucht, welche von der WHO vorgegeben wird und das Lebensalter der Person.

1.2.2 Testdurchführung

Die Voreinstufung erfolgt über die Pulsobergrenze nach der WHO. Sie gibt die Differenz von 180 und dem Lebensalter der Person als Grenze an. Somit liegt die Pulsobergrenze der Person bei 160 S/min. Ihre Startherzfrequenz lag bei 79 S/min.

Tab.4: Testergebnisse des Fahrradergometertest

Zeit	Watt	Herzfrequenz nach 1 min	Herzfrequenz nach 2 min
0	25	86	94
2	50	102	117
4	75	129	138
6	100	145	160

1.2.3 Bewertung des Testergebnisses

Die Person erreicht die vorgegebene Herzfrequenz von 160 S/min bei vollenden der 8. Minute. Sie fährt die 100 Watt demnach komplette zwei Miunten. Wenn man dieses Ergebnis durch ihr Körpergewicht dividiert erhält man einen Wert von 1,78.

Somit befindet sich die Person im unteren Durchschnittsbereich für Frauen unter 30 Jahren, verglichen mit den Werten der Normtabelle für submaximale Radergometertests. Dieses Ergebnis ist demzufolge als schlecht einzustufen, jedoch normal, wenn man berücksichtigt, dass die Person komplett untrainiert ist und demzufolge auch im Ausdauersport noch keine Erfahrungen gesammelt hat.

1.3 Gesundheits- und Leistungsstatus der Person

Durch die, in der Diagnose und durch den Test gewonnenen Daten, lässt sich die Person als trainierbar einstufen. Sie hat keine Krankheiten und nimmt auch nicht regelmäßig Medikamente. Durch ihr junges Alter hat sie in der Beweglichkeit, welche für ein Ausdauertraining benötigt wird, keine Einschränkungen. Zudem hat sie wöchentlich mindestens zweimal eine Stunde Zeit für ein Training. Somit ist es möglich die Person in einem Ausdauertraining zu trainieren.

Die Belastbarkeit kann man an den Ergebnissen des Testes und an vorhandenen Krankheiten ableiten. Krankheiten bestehen nicht, somit sind hier keine Einschränkungen vorhanden. Das Ergebnis des Testes zeigt, dass die Person unter dem Durchschnitt liegt. Somit ist die Belastbarkeit eingeschränkt, da zunächst eine Grundlagenausdauer 1 entwickelt werden muss.

2 Teilaufgabe 2 – Zielsetzung/Prognose

2.1 Ziel 1

Das erste Ziel ist es den Blutdruck um 10 mmHg systolisch in 12 Wochen zu senken.

Die Person hat einen systolischen Blutdruckwert von 133 mmHg. Dieser Wert weißt zunächst noch keine arterielle Hypertonie auf, jedoch befindet er sich bereits im hochnormalen Bereich. Ohne jegliche sportliche Betätigung vergrößert sich das Risiko einer weiteren Erhöhung des Blutdrucks, bis hin zum Bluthochdruck. Eine arterielle Hypertonie zieht weiter negative Effekte für die Gesundheit der Person mit sich. Somit würde ihre Lebensqualität abnehmen. Eine Senkung des Blutdrucks jedoch zieht positive Effekte mit sich, wie die Senkung des Risikos an einer Herz-Kreislauf-Erkrankungen zu erkranken.

2.2 Ziel 2

Ein weiteres Ziel ist es den Ruhepuls um 6 S/min in 12 Wochen zu verringern.

Der Ruhepuls der Person liegt mit 74 S/min im normalen Bereich für einen untrainierten Menschen, jedoch hat die Senkung des Ruhepuls Auswirkungen auf das Herz. Ein erhöhter Ruhepuls steht in Verbindung mit Herz-Kreislauf-Erkrankungen. Wenn man den Ruhepuls senkt entlastet man das Herz, da dieses dadurch weniger Arbeit leisten muss. Das Herz arbeitet somit ökonomischer und die Lebensqualität wird gesteigert.

2.3 Ziel 3

Das dritte Ziel ist es an keinem Infekt in den nächsten 12 Monaten zu erkranken und somit eine Stärkung des Immunsystems zu erreichen.

Die Person will unter anderem mit dem Ausdauertraining starten, da sie mehrere Infekte (6-7) im Jahr 2018 erlitten hat. Durch ein Training im Bereich der Grundlagenausdauer 1 ist eine Stärkung des Immunsystems möglich und auch besser zu erreichen, als durch ein reines Krafttraining. Aus gesundheitlicher Sicht ist ein moderates Ausdauertraining für den Einstieg in den Sportbereich möglich und sie hat keinerlei Einschränkungen dieses durchzuführen.

3 Teilaufgabe 3 – Trainingsplanung Mesozyklus

3.1 Grobplanung Mesozyklus

Tab.5: Grobplanung Mesozyklus

Dauer	6 Wochen
Trainingsziel	Entwicklung der Grundlagenausdauer
Belastungsumfang pro Woche	2-3 Stunden
Trainingsmethoden	extensive Dauermethode variable Dauermethode
Trainingsintensitäten (Hfmax + Pulsober und untergrenzen)	60-75% Hfmax (extensiv) → 108-135 S/min 60-85% Hfmax (variabel) → 120-170 S/min
Trainingshäufigkeit pro Woche	2-3 mal
Dauer pro Trainingseinheit	30-90 min (extensiv) 35-40 min (variabel)
Trainingsgeräte	Fahrrad, Crosstrainier, Laufband

3.2 Detailplanung Mesozyklus

Tab.6: Detailplanung Mesozyklus

Woche 1	Montag	Mittwoch	Woche 2	Montag	Mittwoch
Trainings-ziel	GA1	GA1	Trainingziel	GA1	GA1
Tr.-Methode	Extensive DM	Extensive DM	Tr.-Methode	Extensive DM	Extensive DM

Tr.-Intensität	70-75% Hfmax	60-65% Hfmax	Tr.-Intensität	70-75% Hfmax	60-65% Hfmax
Trainingsherz-frequenz	126-135 S/min	108-117 S/min	Trainingsherz-frequenz	126-135 S/min	108-117 S/min
Trainingsdauer	60 min	30 min	Trainingsdauer	60 min	30 min
Trainingsgerät	Fahrrad	Crosstrainier	Trainingsgerät	Fahrrad	Crosstrainer

Woche 3	Montag	Mittwoch	Freitag	Woche 4	Montag	Mittwoch	Freitag
Traningsziel	GA1	GA1	GA1	Traningsziel	GA1	GA1	GA1
Traningsmethode	Extensive DM	Variable DM	Extensive DM	Traningsmethode	Extensive DM	Variable DM	Extensive DM
Traningsintensität	70-75% Hfmax	75-80% (in.) 60-65%(ex.) Hfmax	60-65% Hfmax	Traningsintensität	70-75% Hfmax	75-80%(in.) 60-65%(ex.) Hfmax	60-65% Hfmax
Traningsherzfrequenz	126-135 S/min	150-160 120-130 S/min	108-117 S/min	Traningsherzfrequenz	126-135 S/min	150-160 120-130 S/min	108-117 S/min
Traningsdauer	65 min	35 min (5:5)	35 min	Traningsdauer	70 min	40 min (5:5)	40 min
Traningsgerät	Fahrrad	Laufband	Crosstrainer	Traningsgerät	Fahrrad	Laufband	Crosstrainer

Woche 5	Montag	Mittwoch	Freitag	Woche 6	Montag	Mittwoch	Freitag
Traningsziel	GA1	GA1	GA1	Traningsziel	GA1	GA1	GA1
Tranings-	Extensive DM	Variable DM	Extensive DM	Tranings-	Extensive DM	Variable DM	Extensive DM

methode				methode			
Trainingsintensität	65-70% Hfmax	80-85% (in.) 65-70%(ex.) Hfmax	55-65% Hfmax	Trainingsintensität	70-75% Hfmax	80-85% (in.) 65-75%(ex.) Hfmax	65-70% Hfmax
Trainingsherzfrequenz	117-126 S/min	160-170 130-140 S/min	99-117 S/min	Trainingsherzfrequenz	126-135 S/min	160-170 130-150 S/min	117-126 S/min
Trainingsdauer	90 min	40 min (10:10)	40 min	Trainingsdauer	75 min	35 min (7:7)	35 min
Trainingsgerät	Fahrrad	Laufband	Crosstrainer	Trainingsgerät	Fahrrad	Laufband	Crosstrainer

3.3 Begründung zum Mesozyklus

3.3.1 Begründung zum angestrebten wöchentlichen Belastungsumfang

Der Belastungsumfang bleibt in der ersten und zweiten Trainingswoche gleich, bei jeweils einer Stunde und 40 Minuten. Die Person hat sich zuvor noch nie sportlich betätigt, weshalb ein leichter Einstieg in das Training ermöglicht werden muss, mit einem eher geringen Belastungsumfang. Jedoch muss direkt zu Beginn ein regelmäßiges Training, ohne längere Pausen erfolgen. (Berbalk, A., Neumann, G. & Pfützner, A., 2011, S.25) Anschließend wird die Zahl von 2 auf 3 Trainingseinheiten pro Woche gesteigert um einen größeren Effekt auf ihre Fitness und Gesundheit zu erzielen. Auch die Einheiten habe ich jede Woche in ihrer Dauer verlängert, da sie das Ziel hat eine Grundlagenausdauer 1 aufzubauen und ihre Gesundheit zu verbessern.

3.3.2 Begründung zu den ausgewählten Trainingsmethoden

Bei den Trainingsmethoden habe ich mich auf die extensive und die variable Dauermethode beschränkt. Die Person ist Laie, weswegen die beiden Intervallmethoden zu viel Belastung für den Anfang wären und sich negativ auf ihr Training und ihre Motivation auswirken können. Die extensive Dauermethode dient vor allem dazu eine Grundlagenausdauer 1 aufzubauen, was das Hauptziel der Person ist. (Gimbel, B., 2014, S.195) Zudem stärkt dieses Training das Immunsystem, was ein weiteres Ziel der Person ist. Auch die Herz-Kreislauf-Arbeit wird ökonomisiert, wodurch eine Senkung ihres Blutdrucks und der Ruheherzfrequenz zu erwarten ist. Die variable Dauermethode wird zusätzlich ab der dritten Woche, einmal wöchentlich eingebaut. Sie dient ebenfalls der Entwicklung einer Grundlagenausdauer 1 und der Stabilisierung dieser. Zusätzlich wird laut B. Gimbel (2014, S.195) die „Umstellung und Anpassung der beiden energetischen Systeme an die Trainingsbelastung" verbessert. Bei dieser Methode wird eine kürzere Dauer gewählt. (Gimbel, B., 2014, S. 194) Zudem kann sie sich durch diese Methode langsam an höhere Intensitäten gewöhnen.

3.3.3 Begründung zur Belastungsprogression

Bei der Belastungsprogression gilt der Grundsatz: Häufigkeit vor Umfang vor Intensität. Deswegen habe ich zunächst die Trainingseinheiten von 2 auf 3 Einheiten erhöht. Anschließend die Einheiten in ihrer Dauer und danach die Intensitäten der einzelnen Einheiten gesteigert. Einen Laien muss man langsam an ein Training heranführen. Aus diesem Grund habe ich den Mesozyklusplan mit 2 Einheiten pro Woche mit einer relativ niedrigen Intensität und Dauer gestartet. Nach zwei Wochen Gewöhnungsphase habe ich die Einheiten um eine erweitert, dann die Dauer und anschließend die Intensitäten der Einheiten gesteigert. Somit ist kein sofortiges Absinken der Motivation der Person zu erwarten und auch ihr Körper wird langsam an das Training herangeführt. Dadurch können gesundheitliche Probleme, welche durch Übertraining entstehen können, ausgeschlossen werden. Auch hat R. Meißner (2011, S.25) in seiner Dissertation eine Studie durchgeführt, welche belegt das auch bei einer submaximalen Belastung eine Senkung der Herzfrequenz möglich ist

3.3.4 Begründung zu den angesteuerten Trainingsbereichen

Bei den Trainingsbereichen hab ich mich auf die Grundlagenausdauer 1 beschränkt. Eine REKOM-Einheit ist nicht nötig da die Regeneration bei der extensiven Dauermethode und bei Einheiten der variablen Dauermethode, welche weniger als eine Stunde andauern, die Regeneration innerhalb eines Tages erfolgt. (Gimbel, B., 2014, S 195) Eine Einheit im Bereich der Grundlagenausdauer 2 wäre nicht sinnvoll, da sie auf der GA 1 aufbaut und diese bei einem Laien erst aufgebaut werden muss. Aus diesem Grund besteht der

Mesozyklus nur aus Einheiten im Bereich der GA 1. Hier wird eine Grundlagenausdauer zunächst aufgebaut und anschließend stabilisiert. Zudem wird die aerobe Leistungsfähigkeit erhöht.

3.3.5 Begründung der ausgewählten Ausdauergeräte

Bei der Wahl der Ausdauergeräte habe ich mich für das Fahrrad, den Crosstrainer und das Laufband entschieden. Ein Grund dafür ist die Geräteausstattung des Studios in dem die Person ihr Training durchführt. Ein weiterer Aspekt aus dem ich mich für alle drei Ausdauergeräte des Studios entschieden habe, ist der das sie dadurch Abwechslung in ihrem Training hat. Das ist für sie als Anfänger wichtig, da somit das Risiko auf ein Abbrechen des Trainings verringert wird. Bei allen 3 Geräten sind die koordinativen Anforderungen gering, womit sie gut für einen Laien geeignet sind. Das Fahrrad und den Crosstrainer habe ich für die ersten Einheiten gewählt, da nur eine geringe Belastung auf den Bewegungsapparat erfolgt und sie gut für ein moderates Training geeignet sind. Da die Person nicht abnehmen möchte, ist der vergleichsweise niedrige Kalorienverbrauch unbedeutend. Nach einer kurzen Eingewöhnungsphase von 3 Wochen wird ihr Training durch eine Einheit auf dem Laufband ergänzt. Hier haben wir einen vergleichsweise hohen cardiopulmonalen Effekt auf die Person, wodurch sie ihren Zielen schneller näher kommt.

4 Teilaufgabe 4 – Literaturrecherche

Tab. 7: erste Studie zu den Effekten des Ausdauertrainings bei Adipositas (modifiziert nach Moos, Schaar & Thiele, 2005)

Wer hat die Studie durchgeführt?	Bettina Schaar, Corinna Thiele, Jochem Moos
In welchem Jahr wurde die Studie publiziert?	2005
Welche Forschungsfrage wurde untersucht?	Welche Wirkung hat ein Training, welches durch die Herzfrequenz gesteuert wird auf die körperliche Leistungsfähigkeit und das Gewicht bei adipösen und normalgewichtigen?
Mit welchen Versuchspersonen wurde die Studie durchgeführt?	Experimentalgruppe: 4 Männer, 5 Frauen im Alter von 42,9 +/- 13,0 Jahren, mit einem BMI von 36,8 +/- 4,8 kg/m2 Kontrollgruppe: 3 Männer, 5 Frauen im Alter von 40,5 +/- 13,4 Jahren, mit einem BMI von 21,6 +/- 1,9 kg/m2
Wie sah der Versuchsaufbau der Studie aus?	-16-wöchiges Programm -24 direkt bedreute und 24 Einheiten ohne Anleitung, Schwerpunkt: Ausdauer -Laufband- und Fahrradergometertest, sowie Grundumsatzmessung mit Hilfe von Spirometrie vor und nach dem Programm -während dem Programm ständige Körpergewichtskontrolle -Herzfrequenz gesteuertes Ausdauertraining → Nordic Walking, Aquajogging und Fahrradfahren -3 mal pro Woche 90 Minuten, davon 60 Minuten Ausdaueranteil -Trainingsintensitäten individuell
Welche relevanten Ergebnisse und Schlussfolgerungen lieferte die Studie?	-Stabilisierung des Körpergewichts von beiden Gruppen -Experimentalgruppe hatte zu jedem Zeitpunkt einen höheren Grundumsatz -signifikante Senkung der Herzfrequenzen der Experimentalgruppe um 8,3 - 11,7 S/min -Steigerung der Leistungsfähigkeit in beiden Gruppen -je höher der BMI umso geringer die Geschwindigkeit auf dem Laufband -Körpergewicht bei adipösen Menschen ist der primäre leistungslimitierende Faktor

Tab. 8: zweite Studie zu den Effekten des Ausdauertrainings bei Adipositas (modifiziert nach S.Mäueler, 2006)

Wer hat die Studie durchgeführt?	Sebastian Mäueler
In welchem Jahr wurde die Studie publiziert?	2006
Welche Forschungsfrage wurde untersucht?	Einfluss von Krafttraining im Vergleich zum Ausdauertraining auf ausgewählte endokrine Fettgewebsparameter bei Adiposita
Mit welchen Versuchspersonen wurde die Studie durchgeführt?	66 übergewichtige und adipöse Probanden, beiden Geschlechts, im Alter zwischen 18 und 67 Jahren, BMI von 33,9 +/- 4,1 kg/m2 → Inklusionskriterien: Übergewicht/Adipositas klassifiziert über Bmi > 28 kg/m2, Sportabstinenz die letzten 6 Monate, ärztlich attestierte Sporttauglichkeit
Wie sah der Versuchsaufbau der Studie aus?	-16-wöchiges Programm -Training 3 mal pro Woche -ständige Begleitung durch einen von zwei Trainiern -Messungen über BMI, THG, BIA und einen Stufenergometertest (Ausdauer) und 10 RM-Test (Kraft) -konstantes Training in aerober Stoffwechsellage -extensive Dauermethode, steigerung von 40 auf 60 Minuten + extensive Intervallmethode, ab 9.Woche über 30 Minuten
Welche relevanten Ergebnisse und Schlussfolgerungen lieferte die Studie?	-Gewichtsreduktion: Kraftgruppe 3,6kg im Durchschnitt, Ausdauergruppe 1,3kg im Durchschnitt -Taillenumfangsreduktion: Kraftgruppe 1,1cm, Ausdauergruppe 2,8cm im Durchschnitt -Körperfettanteilreduktion: Kraftgruppe 1,5%, Ausdauergruppe 0,4% im Durchschnitt -Krafttraining ist dem Ausdauertraining in der Veränderung der Körperkomposition überlegen -keine Trainingsform kann das viszerale Fettfewebe ausreichend reduzieren -Ausdauertraining verbessert die Insulinsensitivität -beide Formen des Trainings sollten kombiniert bei einer Behandlung von Adipositas eingesetzt werden

5 Literaturverzeichnis

Berbalk, A., Pfützner, A. & Neumann, G. (2013). *Optimiertes Ausdauertraining* (7. Aufl.). Aachen: Meyer & Meyer.

Gimbel, B. (2014). *Körpermanagement. Planung und Steuerung des Ausdauertrainings*. Berlin Heidelberg: Springer.

Mäueler, S. (2006). Adipokine in Abhängigkeit von Körperkomposition und Fettgewebsdistribution bei Adipositas -Eine sportmedizinische Wirkanalyse von Kraft-vs. Ausdauertraining-. Bielefeld: Universität Bielefeld

Meißner, R. (2011). Effekte eines 12-wöchigen Ausdauertrainings auf die körperliche Leistungsfähigkeit und den psychischen Zustand von Patienten mit isolierter systolischer Hypertonie. Berlin: Medizinische Fakultät Charité

Moos, J., Schaar, B. & Thiele C. (2005). Wirksamkeit eines ambulanten Bewegungsprogramms mit adipösen Erwachsenen. Schriften der Deutschen Vereinigung für Sportwissenschaft, 175, 253-256.

Robert Koch Institut. (2015). Zahlen und Trends aus der Gesunheitsberichterstattung des Bundes. Hoher Blutdruck: Ein Thema für alle. GBE kompakt, 4, 1-12.

Weineck, J. (2003). Ausdauertraining. Trainingssteuerung über die Herzfrequenz- und Milchsäurebestimmung. Balingen: Spitta.

6 Tabellenverzeichnis

Tab. 1:   allgemeine und biometrische Daten der Person..4

Tab. 2:   Blutdruckklassifikation des Robert Koch Instituts (modifiziert nach Mancia et al., 2013)...4

Tab. 3:   Ruhepulsklassifikation der DhfPG (modifiziert nach Weineck, 2003)..............5

Tab. 4:   Testergebnisse des Fahrradergometertest..6

Tab. 5:   Grobplanung Mesozyklus...8

Tab. 6:   Detailplanung Mesozyklus..8

Tab. 7:   erste Studie zu den Effekten des Ausdauertrainings bei Adipositas (modifiziert nach Moos, Schaar & Thiele, 2005)..12

Tab. 8:   zweite Studie zu den Effekten des Ausdauertrainings bei Adipositas (modifiziert nach S. Mäueler, 2006)...12

BEI GRIN MACHT SICH IHR WISSEN BEZAHLT

- Wir veröffentlichen Ihre Hausarbeit, Bachelor- und Masterarbeit

- Ihr eigenes eBook und Buch - weltweit in allen wichtigen Shops

- Verdienen Sie an jedem Verkauf

Jetzt bei www.GRIN.com hochladen und kostenlos publizieren